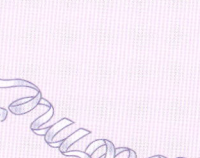

'쿠로미 우리끼리 비밀 이야기' 즐기는 법!

친구들, 안녕?
쿠로미가 특별한 시간을 준비했어!
교환 일기를 쓰며 자기 자신에
대해 더 잘 알아보는 시간을
가져 봐!

♥ 방법1

10가지 키워드와 관련된 교환 일기를 쓰며 하루를 돌아보는 시간을 가져 봐!

♥ 방법2

키워드와 관련된 문답 활동을 통해 자기 자신을 더 잘 알아볼 수 있어!

♥ 방법 3

스페셜 페이지를 통해 재미있고 다양한 활동을 경험해 봐!

♥ 방법 4

편지 쓰기, 미래 일기 쓰기 등의 활동을 하며 스스로를 더 깊이 탐구해 봐!

  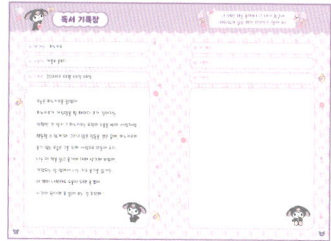

♥ 방법 5

쿠로미와 즐거운 놀이 시간을 가져 봐!

쿠로미 소개서

이름	쿠로미
생일	10월 31일 (핼러윈)
별명	없음

자기소개서

사진
붙이는 곳

이름	
생일	
별명	

목차

키워드1 ● 친구 ………… 12

키워드2 ● 보물 1호 ………… 22

키워드3 ● 꿈 ………… 32

키워드4 ● 공부 ………… 42

키워드5 ● 실수 ………… 52

키워드6 ● 행복 ………… 62

키워드7 • **패션**	72
키워드8 • **가족**	82
키워드9 • **선물**	92
키워드10 • **여행**	102

쿠로미와 놀아요! 112

키워드1

친구

기쁜 일이 생기면 함께 기뻐해 주는 사이.
속상한 일이 생기면 달려와 위로해 주는 사이.
고민이 생기면 마음을 털어놓을 수 있는 사이.
우린 그런 친구 사이.

쿠로미의 일상 찰칵!

나랑 가고 싶은 여행지가 있어? 난 너와 함께라면 어디든 좋아!

따뜻한 봄에는 너와 함께 피크닉을 가고 싶어!

말없이 뒹굴뒹굴 거리고만 있어도 늘 즐거운 우리 사이!

나의 일상 찰칵!

너의 일상이 궁금해! 나에게 알려 줘!

사진 붙이는 곳

사진 붙이는 곳

사진 붙이는 곳

너에 대해 알려 줘!

가장 오래된 친구는 누구야?

친구를 사귀는 너만의 노하우!

친구와 무엇을 할 때가 가장 재밌어?

고민을 털어놓을 수 있는 친구가 있어?

 오늘의 친구 일기

날짜: 20XX년 XX월 XX일 X요일   날씨: 더움

제목: 그래도 가까운 우리 사이

 이번 주 일요일에는 전학 간 친구를 만나기로 했다.

친구가 멀리 이사 간 이후로 처음 만나는 거라서 엄청 기대된다.

몸은 멀리 떨어져 있어도 자주 연락하는 사이라서 어제 본 것처럼

느껴지지만, 실제로 만나는 건 한 달 만이다.

 오랜만에 우리의 추억이 있는 카페에서 만나 이야기도 나누고,

사진도 같이 찍기로 했다.

만나면 꼭 안아 주고, 보고 싶었다는 말도 할 거다.

빨리 일요일이 돼서 친구랑 재미있는 이야기를 하고 싶다.

스페셜 페이지 — **취향 밸런스 게임**

평생 한 가지 음식만 먹는다면?

치킨 VS **피자**

더 가고 싶은 여행지는?

바다 VS **산**

더 좋아하는 계절은?

여름 VS **겨울**

친구와 함께 밸런스 게임을 하며
서로의 취향에 대해 알아보는 시간을 가져 봐!

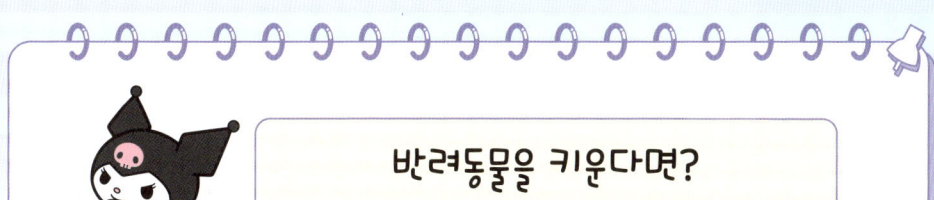

반려동물을 키운다면?

강아지 VS **고양이**

쉬는 날에는 주로 뭘 해?

밖에서 놀기 VS **집에서 쉬기**

한 가지만 선택한다면?

하루 종일 말하기 VS **하루 종일 침묵하기**

행운의 편지

안녕, 친구야!

어젯밤에 내 고민을 들어 줘서 고마웠어.

덕분에 어떻게 하면 행복해질 수 있을지 알게 되었어.

늘 내 편이 되어 주는 네가 있어서 정말 다행이야.

너도 힘든 일이 생기면 언제든 나에게 털어놓길 바라.

함께 고민하고 슬퍼할게.

기쁜 일이 있어도 내게 알려 줘.

행복은 나누면 두 배가 된다고 하잖아.

네 옆에 내가 있다는 것을 잊지 마.

네가 언제나 행복하고 따뜻한 하루를

보냈으면 좋겠어.

그럼 또 만나, 안녕!

네가 좋아하는 사람의 하루가 특별하고
행복해지기를 바라는 마음으로 행운의 편지를 써 봐!

Kuromi
▲ ♥ ♥ ♥

키워드2

보물 1호

우리 집 옷장 속에는 커다란 상자가 있어.
그 상자 안에는 친구들이 써 준 편지,
바닷가에서 주워 온 반짝이는 유리 돌,
가장 좋아하는 그림책,
우리 집의 첫 가족사진이 들어 있지.
모두 나의 소중한 역사야.

우리의 교환 일기

날짜: 20XX년 XX월 XX일 X요일

날씨: 화창하고 맑음

제목: 다시 찾은 선물

학교 쉬는 시간에 책상 서랍 안에 든 공책을
꺼내려고 했는데 뭔가 툭! 하고 떨어지는 거야.
주우려고 보니 보라색 봉투였어.
얼른 주워서 봉투를 뜯어봤지.
안에 들어 있던 건 지난주에 생일 선물과
함께 받았던 편지였어.
잃어버린 줄 알고 속상했는데, 구겨지지 않게
내가 봉투에 다시 넣어 뒀다가 잊은 거였지.
다시 찾게 돼서 정말 기뻐!

우리만의 특별한 교환 일기를 써 보자!

 날짜:

 날씨:

 제목:

 **너에 대해 알려 줘!**

어렸을 때부터 간직하고 있는 물건이 있어?

 오래오래 기억하고 싶은 추억을 알려 줄래?

너에게 제일 소중한 사람은 누구야?

 보물처럼 아꼈던 걸 잃어버린 적 있어?

Kuromi

세상에서 가장
소중한 보물 1호는 너야.
반짝거리는 보석과
아리따운 꽃 한 송이도 소중하지만,
그 무엇과도 비교할 수 없는 네가
가장 소중한 존재라는 걸 잊지 마.

일상 메모지

귀여운 쿠로미 메모지에
너의 일상 이야기를 자유롭게 써 봐!

키워드3

꿈

고대 유대인들은 말하는 대로 이루어지길
바라는 마음을 담아 주문을 외웠대.
'아브라카다브라'는
'내가 말한 대로 이루어져라'라는 뜻이야.
원하는 것을 상상하며 간절한 마음을 담아 따라 해 봐.
아브라카다브라, 아브라카다브라!

너와 나의 그림일기

날짜: 20XX년 XX월 XX일 X요일   **날씨:** 흐림

제목: 어른이 된 내 모습

어른이 된 나에게

안녕? 나는 어린 너야. 자기 전에 어른이 된 내 모습을 상상해 봤어.

아마도 넌 내 마음에 쏙 드는 어른이 되어 있을 것 같아. 넌 어떤 모습을 하고 있니?

난 요즘 영화를 보는 게 가장 좋아. 넌 어떤 걸 가장 좋아하니?

여전히 매일 일기를 쓰고 있니? 답장을 받긴 어렵겠지만, 이렇게 글을 쓰는 이유는

지금의 나처럼 네가 행복하기를 바라기 때문이야.

너의 하루를 그림일기로 표현해 봐!

날짜:　　년　　월　　일　　요일　　　날씨:

제목:

 **너에 대해 알려 줘!**

가 보고 싶은 여행지가 있어?

 어른이 되면 꼭 해 보고 싶은 것?

어떤 직업을 갖고 싶어?

하고 싶었던 걸 노력해서 이뤄 본 적 있어?

날짜: 20XX년 XX월 XX일 X요일　　　날씨: 맑음

제목:　　**나만의 소원 팔찌**

털실 공방에서 소원이 이루어진다는 실 팔찌 만드는 법을

배웠다. 원하는 색의 실을 고르고, 합장 매듭으로 실을 엮었다.

합장 매듭이 기도하는 손 모양과 닮았다고 해서 소원을 이뤄 주는

팔찌라고 했다. 팔찌를 만드는 동안 이루고 싶은 소원을 생각하면서

만들면 효과가 있다고 해서 매듭을 짓는 내내 오래된

소중한 꿈을 떠올렸다.

엄마는 내가 어떤 소원을 빌었는지 궁금해했지만,

아직은 나만의 비밀로 남겨 두고 싶다.

너의 미래 모습을 상상하며
미래에 이루고 싶은 꿈에 대해 적어 봐!

20년 뒤의 나

10년 뒤의 나

30년 뒤의 나

날짜: 20XX년 XX월 XX일 X요일   날씨: 싸늘함

오늘 할 일

- ☐ 책상 정리하기
- ☐ 영어 숙제하기
- ☐ 줄넘기 300번 하기
- ☐ 피아노 연습하기
- ☐ 시집 읽기
- ☐

오늘 가장 좋았던 점

- 맛있는 수박 주스 파는 곳을 발견했다.
- 체육 대회 피구 경기에서 우리 반이 이겼다.
- 친구가 쉬는 시간에 엄청 웃긴 이야기를 들려줬다.

오늘 가장 아쉬웠던 점

- 비가 올지 모르고 우산을 챙기지 않았다.
- 급식 메뉴 중에 내가 못 먹는 오징어가 나왔다.
- 도서관 문 닫는 날이라서 읽고 싶은 책을 빌리지 못했다.

아침에는 오늘 할 일을 적고, 저녁에는 하루를 되돌아보는 시간을 가지며 하루를 기록해 봐!

날짜: **날씨:**

오늘 할 일

☐ _____ ☐ _____

☐ _____ ☐ _____

☐ _____ ☐ _____

오늘 가장 좋았던 점

오늘 가장 아쉬웠던 점

키워드4

공부

위대한 발명가들은 궁금한 게 많았대.
새롭고 신기한 것을 좋아하거나 모르는 것을
알고 싶은 마음, 즉 호기심이 가득했다고 해.
호기심은 질문을 하게 만들고,
끊임없는 질문은 답을 찾게 만들지.
넌 어떤 게 궁금하니?

쿠로미의 일상 찰칵!

나의 일상 찰칵!

너의 일상이 궁금해! 나에게 알려 줘!

사진 붙이는 곳

사진 붙이는 곳

사진 붙이는 곳

너에 대해 알려 줘!

너보다 어린 사람에게 딱 하나를 알려 줄 수 있다면, 어떤 걸 알려 주고 싶어?

학교에서 하는 공부 말고 네가 따로 배우고 싶은 게 있어?

지금까지 배웠던 것 중에 가장 재미있었던 건 뭐야?

혼자서 해결하기 어려운 문제가 있을 때, 도움을 주는 선생님이 있어?

몰랐던 걸 알게 되면 기분이 짜릿해져.
아직도 모르는 게 많이 남아 있다는 건
아주 설레는 일이야.
짜릿한 기분을 앞으로도 계속
느낄 수 있다는 뜻이니까!

스페셜 페이지 — 하루 계획표

하루 계획표

알찬 하루를 보내기 위한 계획표를 동그라미 안에 그려 봐.

영어나 수학 같은 학교 공부가 아니어도 돼~!

넌 어떤 걸 잘하고 싶니?
너의 목표와 구체적인 계획에 대해 적어 봐!

목표 달성표

가운데 칸에 잘하고 싶은 것을 적고,
그 주변에 목표를 이루기 위한 구체적인 계획을 적어 봐.

잘하고 싶은 것

미래 일기

미래 날짜: 20XX년 XX월 XX일 X요일

제목: 수학 천재가 된 나

갑자기 수학 문제가 술술 풀리기 시작했다.

지난달에는 10문제를 푸는데 한 시간 넘게 걸렸는데, 오늘은

30분 만에 끝냈다. 게다가 오늘은 처음으로 수학 시험에서

100점을 받았다. 정말 열심히 공부한 보람이 있다.

노력한 만큼 점수가 나온다고 생각하니,

괜히 더 열심히 공부하고 싶어졌다.

하면 할수록, 알면 알수록 수학이 재미있어진다!

원하는 일이 이루어졌다고 생각하고, 미래 일기를 써 봐!

미래 날짜:

제목:

키워드5

실수

실수하는 게 두려워서 도전하지 않는다면,
결국 아무것도 하지 못할 거야.
실수해도 괜찮아. 처음부터 완벽할 수는 없잖아.
조금씩 천천히 너만의 속도로 가다 보면,
언젠가 이루어 낼 수 있을 거야.

우리의 교환 일기

날짜: 20XX년 XX월 XX일 X요일

날씨: 흐린 뒤 맑음

제목: 고마운 실수

체육 시간에 달리기를 하다가
신발 끈이 풀렸어.
달리기 전에 단단히 묶었어야 했는데,
미처 생각하지 못했거든.
결국 넘어지는 바람에 아쉽게 1등은 놓쳤어.
하지만 달리기 전에는 신발 끈부터
단단히 묶어야 한다는 걸 배웠지.
덕분에 다음에는 신발 끈에 걸려
넘어지는 일은 없을 거야.

우리만의 특별한 교환 일기를 써 보자!

날짜:

날씨:

제목:

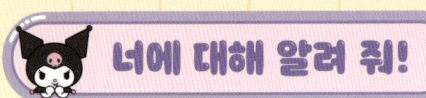

너에 대해 알려 줘!

가장 최근에 한 실수는 뭐야?

중요한 일을 앞두고 실수를 줄이는 너만의 방법!

실수한 덕분에 오히려 상황이 더 좋아졌던 적은?

누군가에게 실수하고 사과해 본 적 있어?

날짜: 20XX년 XX월 XX일 X요일   날씨: 흐림

제목: 실수한 날

 떡볶이를 먹다가 실수로 친구의 옷에 빨간 국물을 튀겼다.

곧바로 미안하다고 사과하며 물티슈로 양념을 닦았지만,

그럴수록 자국은 더 큰 얼룩이 되었다. 친구는 괜찮다고 했지만

얼굴에 속상함이 묻어 있었다.

 아빠는 의도하지 않았더라도 남에게 피해를 입혔다면

사과해야 한다고 하셨다. 내일 친구와 만나면 한 번 더

사과하고 얼룩을 지우는 방법을 함께 찾아봐야겠다.

스페셜 페이지 실수 메모장

실수한 것   배울 점

실수한 것   배울 점

실수는 우리를 더 성장하게 해 주지. 기억에 남는
실수와 이를 통해 배운 점에 대해 생각해 봐!

실수한 것

배울 점

실수한 것

배울 점

행운의 편지

너에게

기분은 좀 어때? 며칠 전 실수로

핸드폰을 떨어트려서 아끼던 핸드폰 케이스가

망가졌다고 들었어. 아끼던 걸 못 쓰게 돼서 엄청

속상해했지. 하지만 케이스만 부서지고, 핸드폰이

고장나지 않은 건 다행이야. 이번 주말에

나랑 같이 핸드폰 케이스를 사러 가는 건 어때?

다양한 케이스를 팔고 있는 곳을 알아 뒀어.

분명 마음에 쏙 드는 걸 발견할 수 있을 거야!

어쩌면 전에 쓰던 것보다 훨씬 더 멋진 걸

찾을지도 몰라!

좋아하는 사람의 하루가 특별하고
행복해지기를 바라는 마음으로 행운의 편지를 써 봐!

행복은 자기를 알아봐 주는 사람에게 더 자주 나타난대.
그래서 하루 종일 행복이 어디에 있나 찾아봤지.
맛있는 떡볶이를 먹었던 하굣길 분식집에서,
시원한 바람이 불던 운동장에서 행복을 발견했어.
너는 오늘 어디에서 행복을 찾았니?

너와 나의 그림일기   *Kuromi*

날짜: 20XX년 XX월 XX일 X요일   **날씨:** 화창함

제목: 배부른 소풍

Kuromi

친구들과 꽃밭으로 봄 소풍을 다녀왔어.

시간 가는 줄 모르고 신나게 놀던 우리는 꼬르륵 배꼽시계가 울려서야

점심시간이 된 걸 알았지! 준비해 온 도시락을 꺼내 배가 부를 때까지

실컷 먹은 우리는 다 같이 잔디밭에 누웠어. 살랑살랑 부는 포근한

바람 덕분에 깜빡 잠이 들 뻔했지 뭐야.

너의 하루를 그림일기로 표현해 봐!

날짜: 년   월   일   요일   날씨:

제목:

 **너에 대해 알려 줘!**

가장 기다려지는 요일은 언제야?

무엇을 하면서 놀 때 가장 재밌어?

행복했던 일을 오래 기억하려면 어떻게 해야 할까?

우리만의 행복 주문을 만들어 보자!

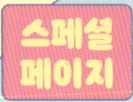 # 행복 마인드맵

나의 장점

스스로를 잘 알고, 자신을 사랑하는 일은 행복의 첫걸음이야.
네가 가진 근사한 장점을 마인드맵으로 표현해 봐.

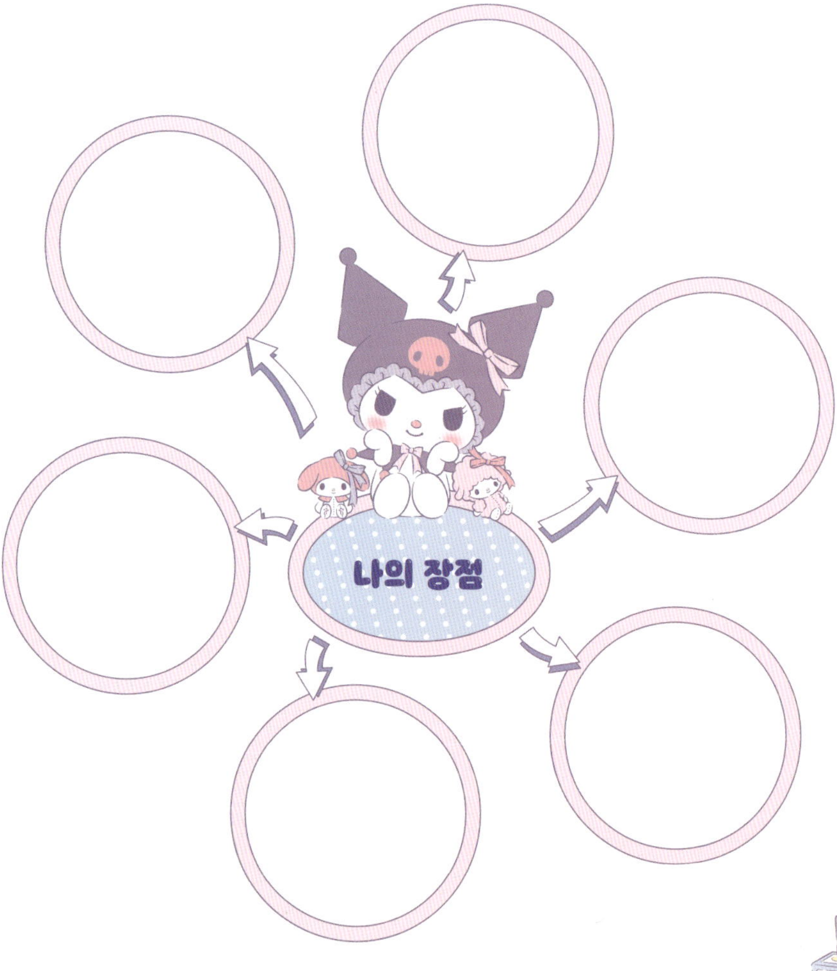

주변을 둘러보면 행복한 일들이 정말 많아.
잊고 살았던 행복에 대해 생각해 봐!

오늘 하루 중 좋았던 일

오늘 하루는 어땠어? 평범한 하루 같겠지만 자세히 들여다보면
좋은 일이 많았을 거야! 소소한 행복의 순간을 발견해 봐.

오늘 하루 중
좋았던 일

독서 기록장

🎀 **책 제목:** 피노키오

🎀 **지은이:** 카를로 콜로디

🎀 **기록일:** 20XX년 XX월 XX일 X요일

오늘은 <피노키오>를 읽었어.

피노키오가 거짓말을 할 때마다 코가 길어지는

인형인 건 알지? 피노키오는 요정의 도움을 받아 사람처럼

행동할 수 있게 돼. 그리고 많은 일을 겪은 끝에, 피노키오의

용기 있는 모습은 그를 진짜 사람으로 만들어 주지.

나는 이 책을 읽고 용기에 대해 생각해 보았어.

걱정되는 일 앞에서 나는 자주 용기를 잃거든.

이 책이 너한테도 도움이 되면 좋겠어.

시간이 된다면 꼭 읽어 보는 걸 추천해!

> 넌 어떤 책을 좋아하니? 네가 최근에
> 재미있게 읽은 책이 무엇인지 알려 줘!

- 책 제목:

- 지은이:

- 기록일:

키워드 7

패션

내가 가장 좋아하는 옷은 파란색 원피스야.
그 옷을 입으면 자신감이 생기고, 기분이 좋아져.
나에게 가장 잘 어울리는 옷은 입었을 때 행복한 옷이야.
파란색 원피스는 나를 더욱 나답게 만들어 줘.

쿠로미의 일상 찰칵!

상큼한 치어리딩 의상을 입어 봤어! 어떤 팀을 응원해 볼까?

빗자루를 타고 하늘을 나는 마녀로 변신! 어때, 근사하지?

새로운 앞치마를 산 기념으로 달콤한 컵케이크를 구웠어.

나의 일상 찰칵!

너의 일상이 궁금해! 나에게 알려 줘!

사진 붙이는 곳

사진 붙이는 곳

사진 붙이는 곳

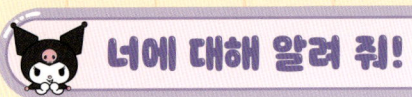 너에 대해 알려 줘!

가지고 있는 양말 중에 어떤 게 가장 마음에 들어?

작아져서 더 이상 입지 못하는 옷 중에서 어떤 게 가장 아쉬워?

네 주변에 있는 패셔니스타는?

갖고 있는 패션 아이템 중에 가장 많은 색깔은 뭐야?

 **오늘의 패션 일기**

날짜: 20XX년 XX월 XX일 X요일   날씨: 소나기

제목: 내가 그린 장화

   오늘 신발 가게를 지나다가 깜짝 놀랐다.

종종 갖고 싶은 패션 아이템을 그림으로 그리는데, 얼마 전에 그렸던

그림과 똑같이 생긴 장화를 발견한 것이다.

흐린 날에도 잘 보일 수 있도록 선명한 노란색으로 색칠했었는데,

   신발 가게에 있던 장화는 내 그림보다 더 예쁜 노란색의

장화였다.

신발 앞에 서서 비가 오는 날 그 장화를 신고 걷는 내 모습을

상상했다. 그 장화를 신게 된다면, 흐린 날씨여도 마음만큼은

활짝 갠 하늘처럼 밝아질 것 같다.

쿠로미 코디 대결

러블리 스타일

화려한 레이스와 패턴으로 쿠로미의 귀여움을 강조!

깜찍한 리본 장식으로 마무리!

추천 아이템

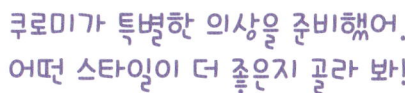 쿠로미가 특별한 의상을 준비했어. 어떤 스타일이 더 좋은지 골라 봐!

 힙합 스타일

큰 목걸이나 링 귀걸이로 포인트를!

추천 아이템

심플하지만 특이한 문양으로 더 개성 있게!

  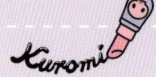

날짜: 20XX년 XX월 XX일 X요일   **날씨:** 맑음

오늘 할 일

- ☐ 강아지 목욕시키기
- ☐ 친구 생일 선물 포장
- ☐ 내 방 정리
- ☐ 미술 준비물 사기
- ☐ 30분 달리기
- ☐ 도서관에서 책 빌리기

오늘 가장 좋았던 점

- 공원을 달리던 중 예쁜 무지개를 발견했다.
- 방을 정리하다가 책 사이에서 5천원을 찾았다! 신난다~!

오늘 가장 아쉬웠던 점

- 선물 포장이 엉성하게 됐다. 손재주가 없나 보다….
- 강아지를 목욕시키려고 했는데 낮잠을 길게 자는 바람에 결국 하지 못했다.

아침에는 오늘 할 일을 적고, 저녁에는 하루를 되돌아보는 시간을 가지며 하루를 기록해 봐!

날짜:　　　　　　　　　　날씨:

오늘 할 일

☐ ＿＿＿＿＿＿＿　　☐ ＿＿＿＿＿＿＿

☐ ＿＿＿＿＿＿＿　　☐ ＿＿＿＿＿＿＿

☐ ＿＿＿＿＿＿＿　　☐ ＿＿＿＿＿＿＿

오늘 가장 좋았던 점

오늘 가장 아쉬웠던 점

키워드8

가족

한집에 살면서 같이
밥을 먹는 사람들을 '식구'라고 불러.
가족이 아니더라도 식구가 될 수 있어.
세상에는 정말 다양한 식구들이 있지.
가족만큼 가까운 사이가 될 수도 있어.

우리의 교환 일기

날짜: 20XX년 XX월 XX일 X요일

날씨: 따뜻함

제목: 할아버지 서랍 속 사탕

할아버지 방에는

나무로 만든 오래된 서랍장이 있어.

맨 아래 서랍을 열면 박하사탕이 든

커다란 봉지가 들어 있지.

할아버지는 내가 오면 항상 그 서랍을 열어

"딱 하나만 먹는 거야."하고

내 입 안에 사탕을 쏙 넣어 주셔.

신기하게도 할아버지가 주는 박하사탕은

그 어떤 사탕보다 백배 천배 더

맛있어!

우리만의 특별한 교환 일기를 써 보자!

날짜:

날씨:

제목:

너에 대해 알려 줘!

가족과 꼭 함께 해 보고 싶은 게 있어?

같이 살고 있는 동물이 있어?

가족과 닮은 점은?

너희 집의 가훈을 알려 줘!

스메셜 페이지 **패밀리 ID 카드**

너의 가족이 궁금해. 너의 가족 혹은 가족 같은 사람을 소개해 줘!

IDENTITY

- 이름:
- 생년월일:
- 취미:
- 특기:
- 좋아하는 것:

IDENTITY

- 이름:
- 생년월일:
- 취미:
- 특기:
- 좋아하는 것:

미래 일기

미래 날짜: 20XX년 XX월 XX일 X요일

제목: 서로를 아는 시간

우리 가족은 매월 마지막 주 화요일 저녁에 가족회의를 연다.

회의 때는 한 달 동안 가장 행복했던 일과 속상했던 일을 발표한다.

처음 가족회의를 열었던 날이 또렷이 기억난다.

가족이지만 몰랐던 이야기들을 많이 알게 되었고,

우리는 가족회의를 꾸준하게 이어 나가기로 약속했다.

그리고 오늘은 가족회의를 연 지 10주년이 되는 날이다.

우리 가족이 가까워지는 이 시간이 계속된다는 게

정말 뿌듯하다.

원하는 일이 이루어졌다고 생각하고,
미래 일기를 써 봐!

미래 날짜:

제목:

키워드 9

선물

내가 생각났다던 너의 따뜻한 마음,
멋진 포장지를 찾아다녔을 정성,
편지지에 꾹꾹 눌러쓴 진심.
눈에 보이지 않지만 느낄 수 있는
모든 것이 참 소중해.

# 너와 나의 그림일기

날짜: 20XX년 XX월 XX일 X요일   **날씨:** 비가 내림

제목: 생일

얼마 전, 한 친구의 생일이었어.

무엇을 선물할까 한참을 고민하다가 친구의 낡은 필통이 생각났어.

당장 문구점에 달려가 친구가 좋아하는 색깔의 필통을 골라 선물했지!

친구는 필통도 고맙지만, 자신을 생각해 준 마음에 큰 감동을 받았대.

선물을 할 때 중요한 건 그 안에 담긴 진심이라면서 말이야.

너의 하루를 그림일기로 표현해 봐!

날짜:　　년　　월　　일　　요일　　　날씨:

제목:

 너에 대해 알려 줘!

갖고 싶은 선물을 물어보는 것과 알아서 선물을 고르는 것 중에 뭐가 더 좋아?

 고마운 마음을 표현하고 싶은 사람이 있어?

 가장 기억에 남는 선물은?

 특별한 날에 받고 싶은 것은?

 오늘의 선물 일기

날짜: 20XX년 XX월 XX일 X요일   날씨: 함박눈이 내림

제목: 주는 기쁨

   내일은 내 생일이다.

생일이 되면 항상 선물을 받기만 한 것 같아서 이번에는

조금 특별한 계획을 준비했다. 그동안 고마웠던 사람들에게 선물을

주기로 한 것! 친구들에게는 추억의 사진을 담은 액자를, 매일 함께하는

   가족들에게는 직접 구운 쿠키를 주려고 한다.

이번 일을 준비하면서 선물을 받는 것도 좋지만, 주는 것도

행복한 일이라는 걸 알게 됐다. 다들 내 선물을 받고 어떤

표정을 지을지 벌써 기대된다.

스페셜 페이지 — 선물 같은 순간

BEST1

BEST2

BEST3

지금까지 살면서 선물 같았던 순간이 있어?
놀랍고 행복했던 순간을 적어 봐!

BEST4

BEST5

BEST6

행운의 편지

안녕, 난 산타클로스야.

이제 더 이상 산타클로스를 믿지 않는다고?

산타클로스는 존재하지 않는다고?

난 네가 아주 오래전부터 갖고 싶어 했던 걸 알고 있어.

이번 크리스마스에는 너에게 그걸 선물로 주려고 해.

네가 자는 동안 발밑에 선물을 두고 갈 테니,

그동안 좋은 꿈 꾸길 바랄게.

그럼 곧 만나자!

네가 좋아하는 사람의 하루가 특별하고
행복해지기를 바라는 마음으로 행운의 편지를 써 봐!

키워드10

여행

따뜻한 봄바람이 불면 소풍을 떠나고 싶어.
멀리 가지 않아도 괜찮아.
풍성하게 핀 벚꽃 나무가 있는 곳이라면 어디든 좋아.
그늘 아래에 누워 파란 하늘을 바라보고 싶어.
바람 타고 날아온 벚꽃 잎도 우리를 반겨 줄 거야.

쿠로미의 일상 찰칵!

눈이 펑펑 내리는 곳에 가 본 적 있어? 온 세상이 새하얘!

석양이 지는 바다 앞에서 한 컷! 평화로움이 깃든 바다야!

봄이 되면 꽃이 활짝 핀 넓은 들판에 가고 싶어져!

나의 일상 찰칵!

너의 일상이 궁금해! 나에게 알려 줘!

사진 붙이는 곳

사진 붙이는 곳

사진 붙이는 곳

 **너에 대해 알려 줘!**

우주로 갈 수 있다면, 무엇을 해 보고 싶어?

먼 곳으로 떠날 때, 꼭 들고 가는 것은?

같이 여행가고 싶은 사람은?

시간 여행을 떠날 수 있는 타임캡슐이 있다면, 몇 살 때로 가고 싶어?

어떤 옷을 입고 가면 좋을까.
그곳에서는 무엇을 먹어야 할까.
유명한 장소는 어디일까.
여행은 떠나기 전부터 두근두근 설레.
이번 여행에서는 어떤
특별한 경험을 하게 될까.

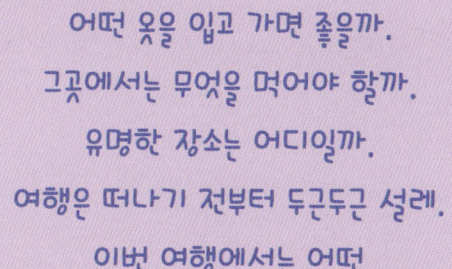

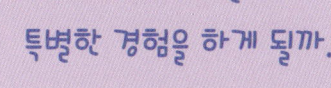

스페셜 페이지 — 여행 기록 일지

- 여행 장소
- 여행 일정
- 여행 코스

여행 준비물

- ○
- ○
- ○
- ○
- ○
- ○
- ○
- ○
- ○
- ○

여행 경비

항목	비용

가장 기억에 남는 여행이 궁금해!
너의 특별했던 여행을 일지에 기록해 봐!

기억에 남는 순간

독서 기록장

책 제목: 어린왕자

지은이: 앙투안 드 생텍쥐페리

기록일: 20XX년 XX월 XX일 X요일

최근에 <어린왕자>를 다시 읽었어.

이 책은 어린왕자가 자신의 별을 떠나 지구의 사막으로

오게 되면서 벌어지는 이야기를 담고 있어.

어린왕자는 새롭고 낯선 별로 정처 없이 떠나게 돼.

그러나 많은 사건을 겪은 끝에 결국 다시 자신의 별로

돌아가게 되지.

문득 여행에 대해 생각하게 되었어.

여행은 단순히 신나고 재미있는 활동이 아니라,

다양한 생각을 하게 만들어 주는 시간인 것 같아.

그래서 여행을 다녀오면 세상이 넓어진 것 같다는

생각이 드나 봐.

넌 어떤 책을 좋아하니? 네가 최근에 재미있게 읽은 책이 무엇인지 알려 줘!

- 책 제목:
- 지은이:
- 기록일:

쿠로미와
놀아요!

MBTI별 궁합!

INFP
- 우리 운명: ENFJ, ENTJ
- 좋은 사이: INFP, ENFP, INFJ, INTJ, INTP, ENTP
- 나쁜 궁합: ISFP, ESFP, ISTP, ESTP, ISFJ, ESFJ, ISTJ, ESTJ

ENFP
- 우리 운명: INFJ, INTJ
- 좋은 사이: INFP, ENFP, ENFJ, ENTJ, INTP, ENTP
- 나쁜 궁합: ISFP, ESFP, ISTP, ESTP, ISFJ, ESFJ, ISTJ, ESTJ

INFJ
- 우리 운명: ENFP, ENTP
- 좋은 사이: INFP, INFJ, ENFJ, INTJ, ENTJ, INTP
- 나쁜 궁합: ISFP, ESFP, ISTP, ESTP, ISFJ, ESFJ, ISTJ, ESTJ

ENFJ
- 우리 운명: INFP, ISFP
- 좋은 사이: ENFP, INFJ, ENFJ, INTJ, ENTJ, INTP, ENTP
- 나쁜 궁합: ESFP, ISTP, ESTP, ISFJ, ESFJ, ISTJ, ESTJ

INTJ
- 우리 운명: ENFP, ENTP
- 좋은 사이: INFP, INFJ, ENFJ, INTJ, ENTJ, INTP
- 나쁜 궁합: 없음

ENTJ
- 우리 운명: INFP, INTP
- 좋은 사이: ENFP, INFJ, ENFJ, INTJ, ENTJ, ENTP
- 나쁜 궁합: 없음

INTP
- 우리 운명: ENTJ, ESTJ
- 좋은 사이: INFP, ENFP, INFJ, ENFJ, INTJ, INTP, ENTP
- 나쁜 궁합: 없음

ENTP
- 우리 운명: INFJ, INTJ
- 좋은 사이: INFP, ENFP, ENFJ, ENTJ, INTP, ENTP
- 나쁜 궁합: 없음

MBTI로 보는 재미있는 궁합! 나와 상대방의 궁합은 어떤지 아래의 표를 보고 확인해 봐!

ISFP
- 우리 운명: ENFJ, ESFJ, ESTJ
- 좋은 사이: 없음
- 나쁜 궁합: INFP, ENFP, INFJ

ESFP
- 우리 운명: ISFJ, ISTJ
- 좋은 사이: 없음
- 나쁜 궁합: INFP, ENFP, INFJ, ENFJ

ISTP
- 우리 운명: ESFJ, ESTJ
- 좋은 사이: 없음
- 나쁜 궁합: INFP, ENFP, INFJ, ENFJ

ESTP
- 우리 운명: ISFJ, ISTJ
- 좋은 사이: 없음
- 나쁜 궁합: INFP, ENFP, INFJ, ENFJ

ISFJ
- 우리 운명: ESFP, ESTP
- 좋은 사이: ISFJ, ESFJ, ISTJ, ESTJ
- 나쁜 궁합: INFP, ENFP, INFJ, ENFJ

ESFJ
- 우리 운명: ISFP, ISTP
- 좋은 사이: ISFJ, ESFJ, ISTJ, ESTJ
- 나쁜 궁합: INFP, ENFP, INFJ, ENFJ

ISTJ
- 우리 운명: ESFP, ESTP
- 좋은 사이: ISFJ, ESFJ, ISTJ, ESTJ
- 나쁜 궁합: INFP, ENFP, INFJ, ENFJ

ESTJ
- 우리 운명: ISFP, ISTP
- 좋은 사이: ISFJ, ESFJ, ISTJ, ESTJ
- 나쁜 궁합: INFP, ENFP, INFJ, ENFJ

 # MBTI별 친해지는 방법!

ENTP
유머 감각을
칭찬해 봐!

"세상에서 네가 제일
웃긴 것 같아!"

ENTJ
믿음직스러운 모습을
칭찬해 보자!

"역시 네 여행 계획은
완벽해!"

INTP
친구의 창의력에
엄지를 내밀어 봐!

"어쩜 그렇게
기발한 생각을 했어?"

INTJ
작고 귀여운 선물을
준비해 보자!

"네 생각이 나서
사 봤어."

ENFP
특별한 친구라는 걸
강조해 봐!

"넌 정말 소중하고
귀한 친구야!"

ENFJ
작은 일에도 감사의 말을
전해 봐!

"너처럼 따뜻한 사람은
처음이야!"

INFP
무조건적인 사랑을
보여 주는 거야!

"난 무슨 일이 있어도
네 편이야!"

INFJ
친구가 주는 도움에
감동의 장문 답장을!

"이렇게나 큰 도움을
주다니…."

나쁜 궁합이 나왔더라도 걱정하지 마!
MBTI별 친해지는 방법에 대해 알려 줄게!

ESFJ
자주 만날수록 더
가까워질 거야!
"너랑은 매일매일
같이 놀고 싶어!"

ESTJ
친구가 관심을 가지는
분야를 알아봐!
"너 이 작가 다른 책
읽어 봤어?"

ISFJ
차분하고 예의 바른
자세가 중요해!
"서로 예의를 지키는 게
중요하지."

ISTJ
친구가 고민이 있을 때
해결책을 제시해 봐!
"가장 효율적인
해결 방법은…."

ESFP
친구의 개그 감각에
늘 박수를!
"너 없는 모임은
지루할 정도야!"

ESTP
하루 종일 놀아도
지치지 않지!
"우리 오늘은
저녁까지 놀자!"

ISFP
바깥 대신
집에서 놀아 봐!
"우리 집에서 같이
치킨 먹을래?"

ISTP
친구에게 선물을 하더라도
생색은 금지!
"별거 아닌데,
그냥 생각나서 샀어."

MBTI별 여행 스타일!

여행의 시작은 계획부터!
완벽한 일정으로 모든 돌발 상황을 대비하다!

ENTJ 어떻게 하면 가장 효율적인 여행이 될 수 있을까?

ISTJ 세상에서 가장 꼼꼼한 여행 계획표를 만들겠어!

ESTJ 분 단위로 여행 계획을 세우는 게 중요해!

INTJ 완벽한 자료 조사로 돌발 상황을 대비해야 해!

계획보다는 우연에서 오는 낭만을!
순간을 즐기는 자유로운 여행을 떠나다!

ESFP 여행은 이미 그 자체로 신나는 거지~!

ISFP 나한테 중요한 포인트들만 충족되면 돼!

ENFP 가고 싶은 곳은 일단 다 공유할게!

INFP 여행은 가기 전에는 귀찮지만 막상 가면 재밌지!

친구와 함께 여행을 간다고 상상해 봐!
서로를 잘 안다면 더 즐거운 시간을 보낼 수 있을 거야!

여행은 추억을 남기기 위한 것!
좋은 추억을 남기기 위해 최고의 여행을 준비하다!

ESFJ 같이 가는 친구가 좋아하는 걸 해 주고 싶어!

ENFJ 내 손으로 모든 걸 다 준비하는 게 좋아!

INFJ 여행 중 갑자기 감성에 젖을 때가 있지….

ISFJ 모든 여행 구성원의 의견을 수용하고 싶어!

스트레스받는 여행은 NO!
마음 편한 여행이 좋은 여행!

ENTP 가고 싶은 곳 딱 한 곳만 가도 충분해!

ESTP 한 곳에서 최대한 많은 걸 할 수 있으면 좋겠어!

ISTP 여행 장소와 숙소만 정하면 끝 아닌가?

INTP 남들은 잘 모르는 곳으로 모험을 떠나자!

생일로 보는 운세!

태어난 월	
1월	어쩌다가
2월	꿈꾸던 대로
3월	열심히 노력해서
4월	가만히 있어도
5월	남몰래
6월	예상대로
7월	지켜볼 만큼
8월	역대급으로
9월	완전히
10월	인생 최고로
11월	놀랍게도
12월	순조롭게

태어난 일	
1일	아이돌이 된다
2일	고백을 받는다
3일	성적이 오른다
4일	부자가 된다
5일	귀여워진다
6일	살이 빠진다
7일	건강해진다
8일	시험에 붙는다
9일	키가 큰다
10일	행복해진다
11일	잘 풀린다
12일	운이 좋아진다

우리의 운세는 어떨까?
재미로 보는 생일 운세를 알아봐!

태어난 일	
13일	쾌변한다
14일	칭찬을 받는다
15일	유명해진다
16일	아무 일도 없다
17일	치킨을 먹는다
18일	돈을 쓴다
19일	해외로 나간다
20일	용돈이 오른다
21일	식욕이 폭발한다
22일	자주 웃는다
23일	사랑을 받는다
24일	재미있어진다

태어난 일	
25일	여행을 간다
26일	춤을 잘 추게 된다
27일	자전거를 가진다
28일	올림픽에 나간다
29일	멋있어진다
30일	복권에 당첨된다
31일	능력을 인정받는다

사다리 타기 게임

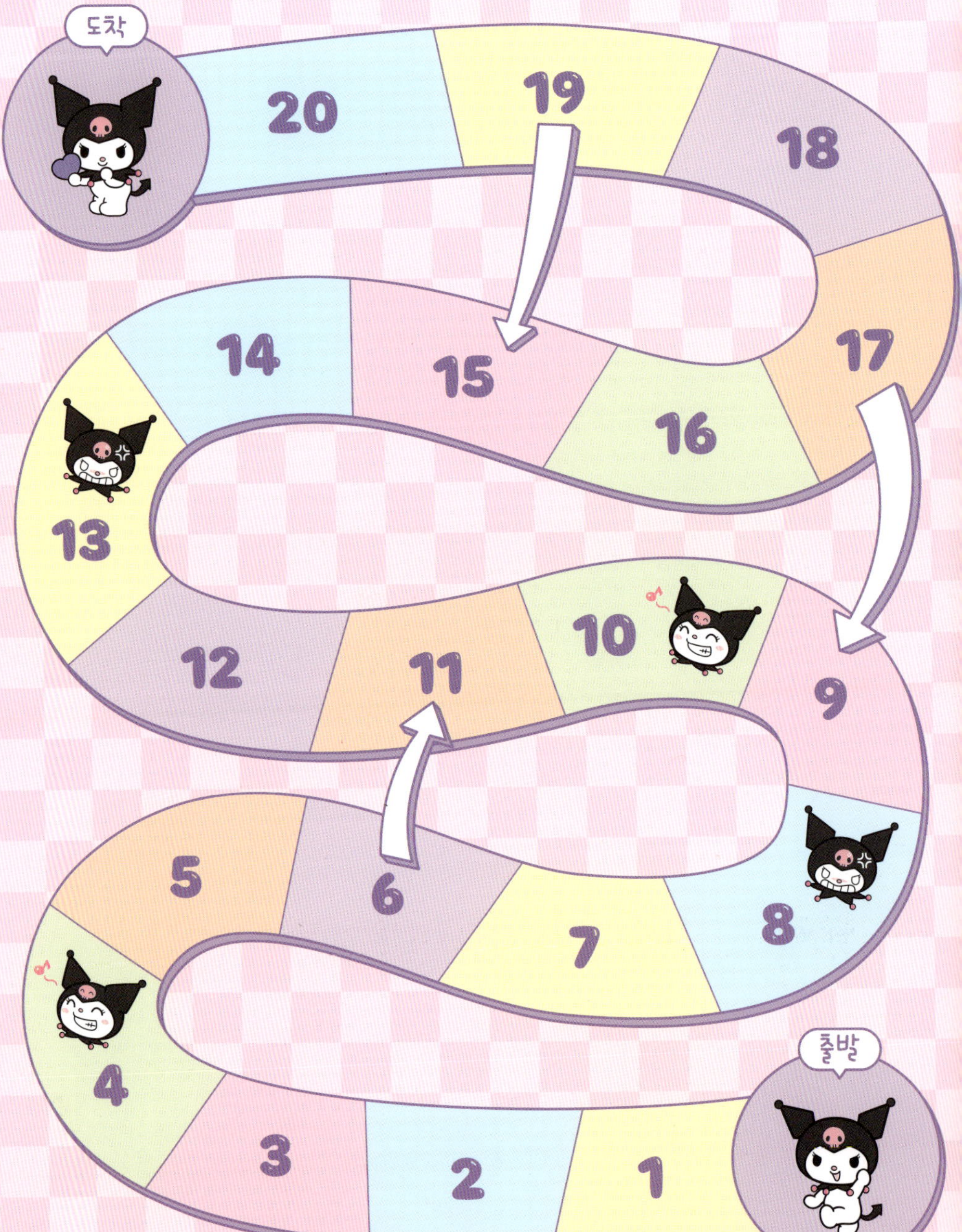

다른 사람과 함께 재미있는 사다리 타기 게임을 해 봐! 단, 함정에 걸리지 않도록 조심해!

게임 준비물

주사위, 게임 말   *준비물은 각자 준비해 봐!*

게임 방법

1. 가위바위보를 통해 게임 순서를 정한다.
2. 주사위를 굴린 후, 나온 숫자 만큼 이동한다.
3. 함정 칸 혹은 보너스 칸이 나오면 아래 설명대로 이동한다.
4. 먼저 도착 지점에 도달하는 사람이 승!

 앞으로 한 칸 이동    뒤로 한 칸 이동

 화살표가 표시하는 칸으로 이동

이 게임, 이럴 때 하면 좋아!

- 친구와 간단한 간식 내기를 할 때 하기 좋아!
- 형제와 집안 청소를 걸고 게임 한 판!
- 부모님과 소원권을 걸고 게임을 해 보는 것도 좋지!

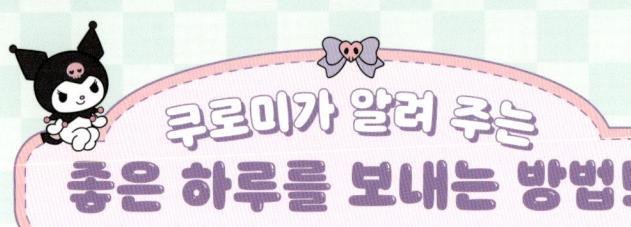

쿠로미가 알려 주는 좋은 하루를 보내는 방법!

많이 웃기

크게 웃으면 스트레스가 해소돼서 기분이 좋아져! 지금 바로 큰소리로 웃어 봐!

미리 걱정하지 않기

미래를 대비하는 자세는 좋지만, 미리 크게 걱정하는 건 좋지 않아. 용기가 사라질 수도 있거든!

잘한 일 생각하기

스스로를 칭찬하는 건 가장 쉬운 자기를 사랑하는 방법이야! 소중한 너 자신을 아끼고 사랑해 줘!

스스로를 돌아보는 시간은 잘 가졌어?
자기 자신을 아는 건, 행복의 첫걸음이지!
그럼 이제 더 좋은 하루를 보내기 위한 방법을 알려 줄게!

운동하기

건강한 몸에
건강한 마음이 깃드는 법!
가벼운 산책도 좋아!
꾸준하게 운동해 봐!

충분한 숙면 취하기

속상한 일이 있어도
푹 자고 일어나면
기분이 좋아질 때가 있지.
잠을 자는 건 정말 중요해!

안녕!

너와 함께 할 수 있어서
정말 즐거웠어!
소중한 네가 언제나
잘 지내기를 바랄게!

초판 1쇄 인쇄 2023년 8월 11일
초판 1쇄 발행 2023년 8월 22일

발행인 심정섭
편집인 안예남
편집팀장 이주희
편집 김진영, 양선희, 김정현, 송유진
제작 정승헌
브랜드마케팅 김지선
출판마케팅 홍성현, 경주현
본문구성 박미진
디자인 디자인룩

발행처 ㈜서울문화사
출판등록일 1988년 2월 16일
출판등록번호 제2-484
주소 서울시 용산구 새창로 221-19
전화 02-799-9149(편집) | 02-791-0752(출판마케팅)

ISBN 979-11-6923-201-2

Sanrio LICENSE

© 2023 SANRIO CO., LTD.
FOR SALE IN KOREA ONLY

※ 본 제품은 ㈜산리오코리아와 서울문화사의 라이센스 계약에 따라,
  한국 내에서만 판매를 허락받은 제품이며, 본 제품 및 캐릭터의 무단복제를 금합니다.
※ 잘못된 제품은 구입처에서 교환해 드립니다.